화산
지구를 뒤흔드는 몬스터

글 쥘리 로베르주

캐나다 퀘벡주에서 태어난 로베르주는 화산재를 쫓는 사냥꾼이라는 별명을 가지고 있으며, 지금은 멕시코 국립폴리테크닉 대학교의 연구 교수입니다. 몬트리올 대학교에서 지질학 학사를, 퀘벡 시쿠티미 대학교에서 석사를, 오리건 대학교에서 박사 학위를 받았습니다.
어렸을 때부터 암석을 수집하는 취미가 있던 로베르주는 1980년 세인트헬렌스산의 분화를 보면서 화산에 관심을 갖게 되었습니다. 요즘은 마그마 속 물질을 연구하기 위해 분화하는 화산의 화산재를 쫓아다니고 있답니다.

그림 알레스 MC

캐나다 몬트리올에 살고 있는 일러스트레이터이자 그래픽 디자이너입니다. 단순하지만, 컬러풀한 그림으로 자신의 생각을 표현합니다. 실크스크린, 리소그래피, 리놀륨 판화 같은 전통 인쇄 방식에서, 프랑스와 벨기에의 만화, 그리고 자연의 형태와 문화적 상징에서도 영감을 얻습니다.

옮김 김연희

고려대학교에서 불어불문학을 공부하고, 출판사에서 오랫동안 어린이책을 만들었습니다.
지금은 프랑스어의 매력에 푹 빠져 신나게 번역하고 있습니다. 옮긴 책으로《인체 대탐험》,
《행복한 곰 비욘 1~3》,《우리 학교에 시리아 친구가 옵니다》,《슈퍼 히어로》등이 있습니다.

감수 박정웅

30년 넘게 우리나라 전 지역을 수백 번 이상 답사한 현장 지질학자입니다. 특히 지질학 대중화를 위해 많은 자연 학습장을 개발하고 운영하였습니다. 국내외 많은 화산을 답사하였으며, <지오팡과 함께 떠나는 대한민국 지질여행>(멘토엔북스), <손에 잡히는 과학 교과서-화산과 지진>(길벗스쿨) 등을 썼습니다.

화산 지구를 뒤흔드는 몬스터

펴낸날 초판 1쇄 2022년 12월 30일 | **초판 3쇄** 2023년 9월 10일
글 쥘리 로베르주 | **그림** 알레스 MC | **옮김** 김연희 | **감수** 박정웅
펴낸이 서명지 | **개발책임** 조재은 | **편집** 홍연숙, 한재준 | **디자인** 천지연
마케팅책임 이경준 | **제작책임** 이현애
펴낸곳 ㈜키즈스콜레 | **출판신고** 제2022-000036호 | **주소** 서울특별시 서초구 방배천로 91 9층
주문 전화 02)829-1825 | **주문 팩스** 070)4170-4318 | **내용 문의** 070)8209-6140

Monstres sacres, voyage au coeur des volcans
Text copyright © Julie Roberge and Les éditions de la Pastèque, 2021
Illustrations copyright © Aless MC and Les éditions de la Pastèque, 2021
Korean edition published in agreement with Koja Agency
All rights reserved.
Korean translation copyright © 2022 by Kidsschole
Korean translation rights arranged with Koja Agency through EYA Co.,Ltd

· 이 책의 한국어판 저작권은 EYA Co.,Ltd 를 통해 Koja Agency와 독점 계약한 주식회사 키즈스콜레가 소유합니다.
· 저작권법에 의하여 한국 내에서 보호를 받는 저작물이므로 무단 전재 및 복제를 금합니다.

ISBN 979-11-6825-721-4

· 잘못 만들어진 책은 구입한 곳에서 바꾸어 드립니다.
· 오늘책은 ㈜키즈스콜레의 단행본 브랜드입니다.

화 산
지구를 뒤흔드는 몬스터

글 쥘리 로베르주 ▲ 그림 알레스 MC ▲ 옮김 김연희

오늘책

차례

6
세계의 화산 지도

8
들어가는 글
지구 깊은 곳으로부터

12
신화와 전설
불카누스 14
통가리로산 16
포포카테페틀산 18
브로모산 20

78
더 알아보기
화산의 분화 78
화산학을 탄생시킨 크라프트 부부 80
화산 감시하기 82

84
용어 풀이

아메리카 대륙

옐로스톤 24
파리쿠틴산 26
세로네그로산 28
이라수산 30
몽펠레산 32
코르돈카우예산 34

유럽 대륙

에이야퍄들라이외퀴들산 38
라키산 39
오베르뉴 화산 지대 40
스트롬볼리산 42
베수비오산 44

아시아 대륙

후지산 48
피나투보산 50
크라카타우산 52
탐보라산 54

오세아니아 대륙

루아페후산 58
마우나로아산 60
마우나케아산 60
로이히산 61
킬라우에아산 62

아프리카 대륙

킬리만자로산 66
피통드라푸르네즈산 68

남극 대륙

에러버스산 72

지구 밖 태양계

프로메테우스산 76
올림푸스산 77
안셀라두스 77

들어가는 글
지구 깊은 곳으로부터

화산은 암석이 녹아 액체처럼 된 마그마*가 지각*의 틈을 통해 지구의 표면으로 뿜어져 나오면서 생겨요.

지구에는 800개 정도의 활화산*이 있는데, 대부분 태평양 주변과 인도네시아에 몰려 있어요. 그리고 활화산 가운데 75%가 바다 밑에 있지요.

지금 이 순간에도 세계 여러 곳에서 화산이 분화*하고 있어요. 화산이 터질 때 화산에서 수 킬로미터 떨어진 곳에서도 땅이 흔들리는 것을 느낄 수 있지요. 이런 사실로 보아 화산은 지구 깊숙한 중심부와 연결되어 있다는 것을 알 수 있답니다.

화산은 지구에서 아주 중요한 역할을 해요. 지각 아래의 열을 밖으로 내보내고, 압력을 낮추지요. 그러니까 화산은 지구의 호흡 기관이라고 할 수 있어요.

화산은 겉모습과 달리 내부가 아주 복잡해요. 우리 눈에 보이는 화산의 멋진 분화구*는 맨틀*과 지각을 연결하는 화산의 아주 작은 부분이에요. 빙하처럼 자신의 일부만 보여 주는 거죠.

크고 위풍당당한 화산은 모든 것을 무너뜨리는 파괴자예요. 79년 이탈리아의 폼페이에서부터 2019년 뉴질랜드에 이르기까지 수많은 사람이 화산 분화로 목숨을 잃었어요. 그래서 사람들은 화산을 연구하는 학문인 화산학을 발전시켰어요. 오랜 연구로 화산의 구조와 분화 원리에 대해 많은 것을 알아냈지요. 그 결과 언제 닥칠지 모를 재난에 대비할 수 있게 되었어요.

우리 눈에는 모든 화산이 비슷해 보이지만, 그 가운데에는 특별한 화산도 있어요. 신비로움을 간직한 세계의 유명한 화산을 만나러 지구를 한 바퀴 돌아 볼까요?

신화와 전설

아주 먼 옛날부터 화산은 인간의 마음을 사로잡았어요. 화산에 비하면 우리가 너무 작고 힘없는 존재이기 때문일지도 몰라요. 화산은 근처의 땅을 기름지게 만들기도 하지만, 그곳에 사는 사람들을 죽음으로 몰아넣기도 했으니까요.

화산을 가까이에서 맞닥뜨리면 화산이 가진 엄청난 힘을 보고 두려움과 존경심이 생겨요. 그래서 화산을 소재로 하는 수많은 신화와 전설이 생겨났어요. 옛날 사람들이 화산을 신이 사는 곳이나 지옥의 입구로 생각하게 된 건 놀랄 일이 아니에요.

불카누스*

로마 신화에 따르면 불과 대장장이의 신인
불카누스(그리스 신화의 헤파이스토스)가
사는 곳이 화산이에요.

통가리로산

뉴질랜드 마오리족 사람들은 '타라나키산'과 '루아페후산'은 '루아페후산'을 사랑한 '통가리로산' 때문에 서로 싸운다고 이야기해요. 오늘날 두 화산 사이에 아무도 살지 않는 이유는 둘 중 하나가 화를 내 폭발할까 봐 무서워하기 때문이랍니다.

포포카테페틀산

멕시코 아스테카 문명에서 전해 내려온 전설에 따르면
비극적인 죽음을 맞은 두 연인이 포포카테페틀과 이스탁시우아틀
화산으로 변했다고 해요. 포포카테페틀 화산의 분화는 아름다운
이스탁시우아틀을 향한 전사의 영원한 열정의 표현이라고 생각해요.

브로모산

화산에 대한 두려움 때문에 화산이 숭배의 대상이 되기도 해요. 인도네시아의 자바섬 동쪽에 있는 브로모산은 신성한 화산이에요. 땅을 비옥하게 해 준 신에게 감사드리기 위해 매년 수천 명의 사람들이 찾아와 분화구에 제물을 던지는 의식을 치르지요.

아메리카 대륙

옐로스톤
미국

옐로스톤은 미국 북부에 있는 엄청난 크기의 화산이에요. 옐로스톤은 칼데라* 지형인데, '칼데라'는 에스파냐어로 '냄비'라는 뜻이에요. 이런 모양의 화산은 하와이에 있는 화산과 모양이 많이 달라요. 산처럼 우뚝 솟은 게 아니라 땅이 푹 꺼진 모습이거든요.

옐로스톤의 거대한 칼데라는 세 차례에 걸친 엄청난 대분화* 이후 지각이 붕괴하면서 만들어졌어요. 수백만 년 전 일어난 수퍼 대분화 때 엄청난 양의 마그마가 뿜어져 나와서 북아메리카 대륙의 대부분을 덮었다고 해요.

거대한 분화를 일으킨 마그마방*이 근처 땅속의 물을 따뜻하게 데워서 옐로스톤에는 온천과 간헐천*이 많이 생겨났답니다.

간헐천

옐로스톤은 뜨거운 물이나 증기 기둥이 주기적으로 솟아나오는 간헐천으로 유명해요.
이 지역에는 가장 유명한 '올드 페이스풀'을 포함해 수백 개 이상의 간헐천이 있답니다.

파리쿠틴산
멕시코

파리쿠틴산은 1943년 2월 20일에 화산 활동을 시작했는데, 분화가 끝나자 2,808미터의 화산이 되었어요. 멕시코 사람들은 이 산을 아주 자랑스러워한답니다.

이 산은 1,400개가 넘는 화산이 모여 있는 크고 넓은 미초아칸-과나후아토 화산 지대에 있어요.

파리쿠틴산은 딱 한 번의 화산 분출로 만들어진 화산이에요. 이런 화산을 단성 화산*이라고 불러요.
하지만 한 번의 분화가 무려 10년이나 계속되었다고 해요!

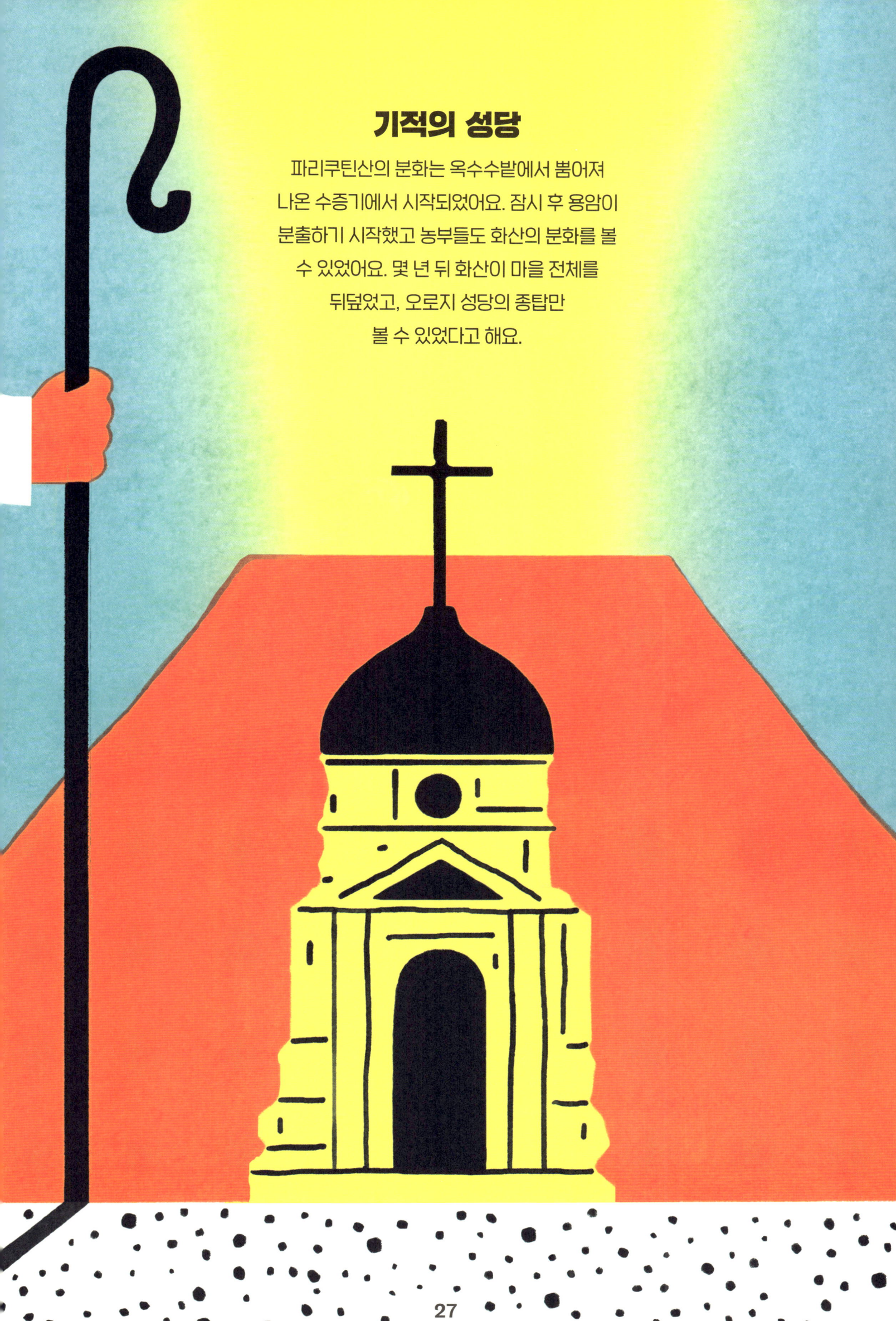

기적의 성당

파리쿠틴산의 분화는 옥수수밭에서 뿜어져 나온 수증기에서 시작되었어요. 잠시 후 용암이 분출하기 시작했고 농부들도 화산의 분화를 볼 수 있었어요. 몇 년 뒤 화산이 마을 전체를 뒤덮었고, 오로지 성당의 종탑만 볼 수 있었다고 해요.

세로네그로산
니카라과

니카라과의 남쪽에 있는 세로네그로산은 대략 700미터 높이의 원뿔 모양 화산으로 중앙아메리카에서 가장 최근에 생긴 화산이에요.

세로네그로산에서는 몇 년에서 몇십 년까지의 간격을 두고 엄청난 폭발과 함께 분화가 일어났어요. 마지막 분화는 1999년에 있었는데, 지금도 분화구에서는 연기와 가스가 나오고 있어요.

화산재에서 보드 타기

세로네그로산 분화구에는 사람들이 올라갈 수 있어요.
이 화산은 스포츠를 좋아하는 사람들에게 유명해요.
눈에서 스노보드를 타는 것처럼 부드러운 화산재를
이용해 보드를 탄답니다.

이라수산
코스타리카

코스타리카에 있는 이라수산은 높이가 3,432미터나 됩니다. 이라수산은 코스타리카에서 가장 높고, 가장 활발하게 활동하는 화산이에요. 가장 최근에 일어났던 1994년 분화 때는 다행히 큰 피해가 없었어요.

하지만 1963년에서 1965년 사이에 일어난 분화 때는 엄청난 양의 화산재를 분출해, 수도 산호세를 비롯한 주변 마을에 큰 피해를 입혔답니다.

이라수산의 분화구에는 푸른색부터 녹색까지 다양한 색을 띠고 있는 산성 호수*가 있어요.

화학 반응

산성 호수는 마그마에서 뿜어져 나온 가스가 호수의 물에 녹으면서 만들어져요.

몽펠레산
마르티니크섬

마르티니크섬 사람들은 높이가 1,397미터나 되는 몽펠레산을 북쪽의 위대한 여인이라고 부릅니다. 이 산은 프랑스의 해외 영토인 마르티니크섬 북쪽 끝에 우뚝 서 있지요. 몽펠레산은 카리브해에 있는 소앤틸리스 제도에서 가장 왕성한 활동을 하는 활화산이에요. 지난 5,000년 동안 이 산에서 20번이 넘는 폭발이 있었답니다.

1902년에 일어난 분화는 20세기 들어 생긴 가장 큰 재앙이었어요. 당시 가장 큰 항구이던 생피에르시를 완전히 파괴하고, 3만 명이나 되는 사람들을 죽음으로 몰아넣었지요.

강력한 폭발과 함께 화산쇄설류*가 빠른 속도로 산을 타고 내려왔고, 불과 1~2분만에 생피에르시를 덮쳐서 엄청난 피해를 입혔어요. 그후 이와 같은 분화를 '펠레식 분화'라고 부릅니다.

운 좋은 죄수

1902년 분화 때 살아남은 사람은 단 두 명이었어요. 둘 중에 더 유명한 사람은 술에 취해 싸움을 하다 감옥에 갇힌 실바리스라는 사람이었죠! 실바리스는 창문도 없고 작은 틈이 뚫린 문만 있는 반지하 독방에 갇혀 있었는데, 화산이 폭발한 지 며칠이 지나서야 구조될 수 있었어요. 화산 폭발로 끔찍한 화상을 입은 실바리스는 서커스단과 함께 미국 전역을 돌며 자신의 이야기를 들려주었답니다.

코르돈 카우예산

칠레

코르돈카우예산은 2011년 6월 일어난 분화 때문에 유명해졌어요. 이 화산 분출은 거대한 화산재 구름을 만들었고, 화산재가 지구를 한 바퀴 도는 바람에 항공기 운항에 큰 혼란이 일어났거든요. 화산이 폭발했을 때 과학자들은 용암*류의 특이한 움직임을 처음으로 볼 수 있었어요. 이 용암류는 화산 유리라고 부르는 흑요석이라는 광물로 이루어져 있었지요.

그런데 이 용암류는 바로 굳지 않는 성질을 가지고 있었어요. 시간이 좀 지났는데도 여전히 물렁물렁했지요. 화산 분화는 2012년 4월에 끝났지만 두꺼운 용암층이 2013년 초까지도 천천히 흘러 다녔어요.

코르돈카우예산은 안데스 산맥 남쪽에서 가장 큰 화산 지대에 있는데, 1960년에도 대폭발이 일어났어요. 칠레 역사상 가장 강력한 지진 중의 하나인 발디비아 지진이 일어나고 바로 이틀 후에 화산 폭발이 일어났지요. 발디비아 지진은 규모 9.5나 되는 지진이었답니다.

우럴대륙

아이슬란드, 화산들의 섬

아이슬란드는 세계에서 유일하게 두 개의 판*이 벌어지는 나라예요!
아이슬란드의 서쪽 지역에 있는 화산 지대는 북아메리카 판에, 동쪽 지역은
유라시아 판에 속해 있지요.
아이슬란드는 대서양 중앙 해령*에 자리 잡고 있어요. 대서양 중앙 해령은
약 2,000~3,000만 년 전에 생겨났는데, 이 무렵부터 아이슬란드가 화산 활동으로
만들어지기 시작했지요. 대서양 바닥에 있는 40,000킬로미터 길이의 갈라진
틈으로 유라시아 판과 북아메리카 판이 떨어져 나가면서 지진이 발생하고 새로운
화산이 생겨나지요.

에이야퍄들라이외퀴들산

이 이름은 발음하기가 쉽지 않아요!
에이야퍄들라이외퀴들산은 아이슬란드
북부 지역의 거대한 얼음 덩어리 아래 있는
빙저 화산*이에요.

에이야퍄들라이외퀴들산은 2010년에
분화를 일으켰는데, 엄청난 양의 화산 가스와
화산재 등을 내뿜었어요. 제트 엔진에 고장을
일으키는 화산재 때문에 유럽의 항공 교통이
며칠 동안 마비되었지요.

라키산

라카기가르산은 라키산으로 더 잘 알려져 있는데, 1783년 6월 인류 역사상 가장 큰 규모의 용암 분출로 만들어졌어요. 1784년 2월 초까지 계속된 분출로 12.3세제곱킬로미터의 용암이 흘러 나와 565제곱킬로미터나 되는 땅을 뒤덮었어요 (서울의 면적은 660제곱킬로미터).

이때 뿜어져 나온 엄청난 양의 화산재가 몇 달 동안이나 태양을 가렸어요. 유독 가스 때문에 수십만 마리의 양과 소가 죽었고, 먹을거리가 부족해져서 섬 인구가 20%나 줄어들 정도였지요.

이 폭발로 유럽에서는 기상 이변이 일어나 농작물이 큰 피해를 입었고 먹을 것이 부족해졌어요. 화산 폭발 때문에 생긴 식량 부족이 프랑스 혁명을 불러왔다고 추측하는 학자들도 있지요.

오베르뉴 화산 지대

프랑스

퓌 산맥이라는 이름으로 알려진 오베르뉴 화산 지대는 '중앙 산지'라는 뜻을 가진 마시프상트랄 산악 지대에 있어요. 이곳에는 분화구가 매우 큰 화산인 분석구*, 많은 용암이 분출되어 만들어진 화산인 용암 돔, 마르* 등이 많아요. 오베르뉴 화산 지대는 약 9만 년 전에 생기기 시작해서, 약 1만 년 전 화산 활동이 멈추며 땅이 안정되었어요.

오베르뉴 지역은 물이 깨끗하기로 유명해요. 또 신화와 전설도 많은 곳이랍니다. 수많은 산과 호수를 배경으로 사악한 동물과 악마에 홀린 짐승 이야기들이 전해져요.

신들에게 저주받은 도시

파뱅 호수는 오베르뉴 화산 지대에서 일어난 마지막 활동으로 만들어졌어요. 파뱅(Pavin)이라는 이름은 '무시무시하다.'는 뜻을 가진 라틴어 'pavens'에서 온 말이에요. 전설에 따르면 호수 밑바닥에는 신들의 분노로 무너진 도시의 흔적이 남아 있다고 해요.

스트롬볼리산
이탈리아

스트롬볼리산은 가스와 용암 분출이 밤에도 멀리서 보이기 때문에 '지중해의 등대'라는 별명이 붙었어요. 스트롬볼리산은 용암으로 가득 찬 분화구에서 녹은 암석이 분수처럼 솟아오르는 놀라운 광경을 만들어 내요. 그래서 오래전부터 관광객들에게 큰 인기를 끌고 있어요.

스트롬볼리산은 이탈리아 시칠리아섬 근처 에올리에 제도에 있어요. 지름은 2킬로미터, 높이는 900미터 정도인데 지구에서 가장 활발한 활동을 하고 있는 화산 중 하나예요. 2천 년이 넘는 시간 동안 계속해서 분화를 하고 있지요.

스트롬볼리식 분화

스트롬볼리산은 부글부글 끓는 용암이 가스를 분출하며 마치 불꽃놀이를 하는 것처럼 분화구 위에서 작은 폭발을 일으킵니다. 이런 분화 방식을 '스트롬볼리식 분화'라고 불러요.

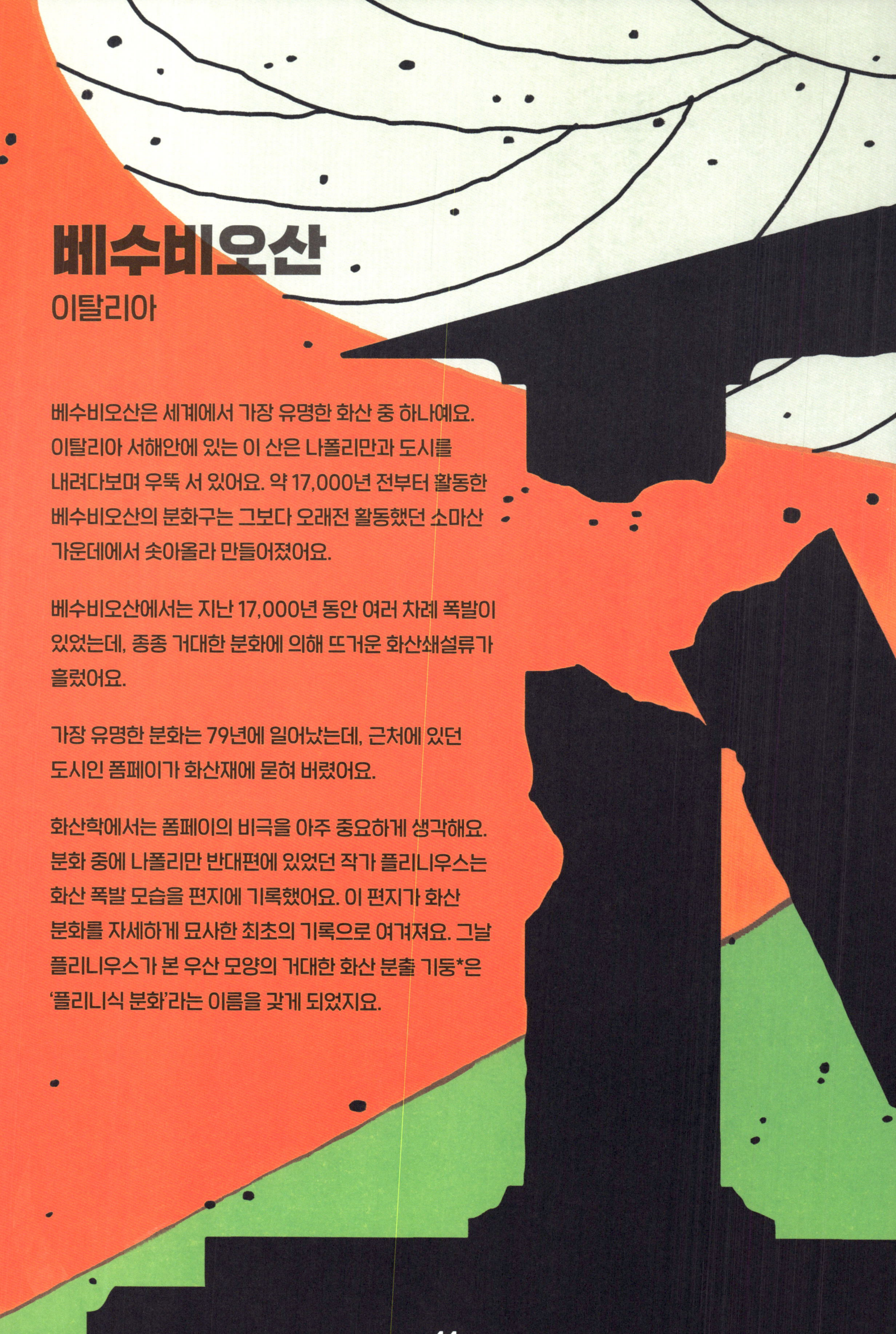

베수비오산
이탈리아

베수비오산은 세계에서 가장 유명한 화산 중 하나예요. 이탈리아 서해안에 있는 이 산은 나폴리만과 도시를 내려다보며 우뚝 서 있어요. 약 17,000년 전부터 활동한 베수비오산의 분화구는 그보다 오래전 활동했던 소마산 가운데에서 솟아올라 만들어졌어요.

베수비오산에서는 지난 17,000년 동안 여러 차례 폭발이 있었는데, 종종 거대한 분화에 의해 뜨거운 화산쇄설류가 흘렀어요.

가장 유명한 분화는 79년에 일어났는데, 근처에 있던 도시인 폼페이가 화산재에 묻혀 버렸어요.

화산학에서는 폼페이의 비극을 아주 중요하게 생각해요. 분화 중에 나폴리만 반대편에 있었던 작가 플리니우스는 화산 폭발 모습을 편지에 기록했어요. 이 편지가 화산 분화를 자세하게 묘사한 최초의 기록으로 여겨져요. 그날 플리니우스가 본 우산 모양의 거대한 화산 분출 기둥*은 '플리니식 분화'라는 이름을 갖게 되었지요.

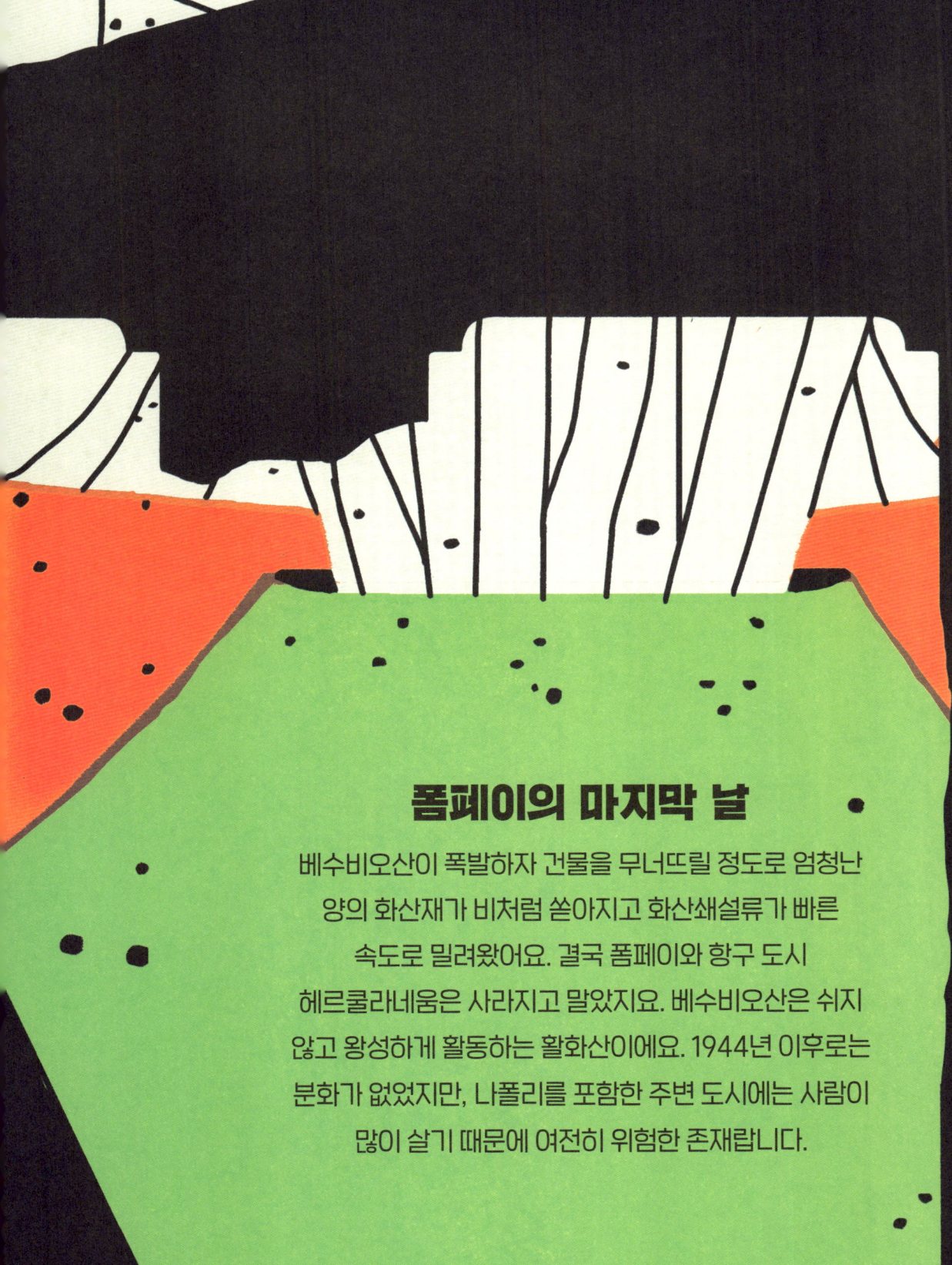

폼페이의 마지막 날

베수비오산이 폭발하자 건물을 무너뜨릴 정도로 엄청난 양의 화산재가 비처럼 쏟아지고 화산쇄설류가 빠른 속도로 밀려왔어요. 결국 폼페이와 항구 도시 헤르쿨라네움은 사라지고 말았지요. 베수비오산은 쉬지 않고 왕성하게 활동하는 활화산이에요. 1944년 이후로는 분화가 없었지만, 나폴리를 포함한 주변 도시에는 사람이 많이 살기 때문에 여전히 위험한 존재랍니다.

후지산

일본

후지산은 일본에서 가장 높고 유명한 산이에요. 후지산은 비교적 경사가 급한 원뿔 모양을 하고 있는데, 이런 화산을 성층 화산이라고 불러요. 일본 사람들은 후지산을 일본의 상징이라고 여기고 있지요.

높이가 3,776미터나 되는 후지산은 781년 이후에 일어난 분화가 열 번이 넘어요. 엄청난 양의 용암이 흘러내리면서 후지산 북쪽에 있는 미사카 산맥의 물 흐름을 막는 바람에 후지산 근처에 5개의 호수가 생겨났어요. 지금은 관광지로 아주 유명한 곳이지요.

마지막 분화는 1707년에 일어났는데 화산재가 100킬로미터나 떨어진 도쿄까지 날아가 쌓였어요.

성스러운 산

후지산은 일본 사람들이 오래전부터 믿고 있는 고유 종교인 신토에서 신성하게 여기는 산이에요. 신토에서는 세상 모든 것에 영혼이 깃들어 있다고 생각해요. 센겐사마라고 부르는 후지산의 여신이 자신을 존경한다는 조건으로 화산 폭발을 막아 주고 있다고 믿어요. 후지산은 경치가 아름다워서 매년 수십 만 명의 사람들이 찾아온답니다.

피나투보산

필리핀

필리핀 루손섬에 있는 피나투보산은 1991년 격렬한 분화 때문에 정상의 높이가 260미터 정도나 낮아졌어요. 1991년 이전 화산의 높이는 1,745미터였지만 지금은 1,485미터랍니다. 이 분화는 20세기에 생긴 가장 큰 화산 폭발 가운데 하나예요!

피나투보산의 분화로 수백 명이 죽고 엄청난 재산 피해가 났어요. 하지만 화산 활동을 꾸준히 관찰한 덕분에 분화 며칠 전에 미리 대피했고, 수만 명의 사람들이 목숨을 구할 수 있었어요.

1991년 분화 이후 잠잠해지기는 했지만 피나투보산은 여전히 활동 중이에요. 또다시 분화할 가능성이 있기 때문에 사람들은 계속해서 화산 활동을 관측하고 있답니다.

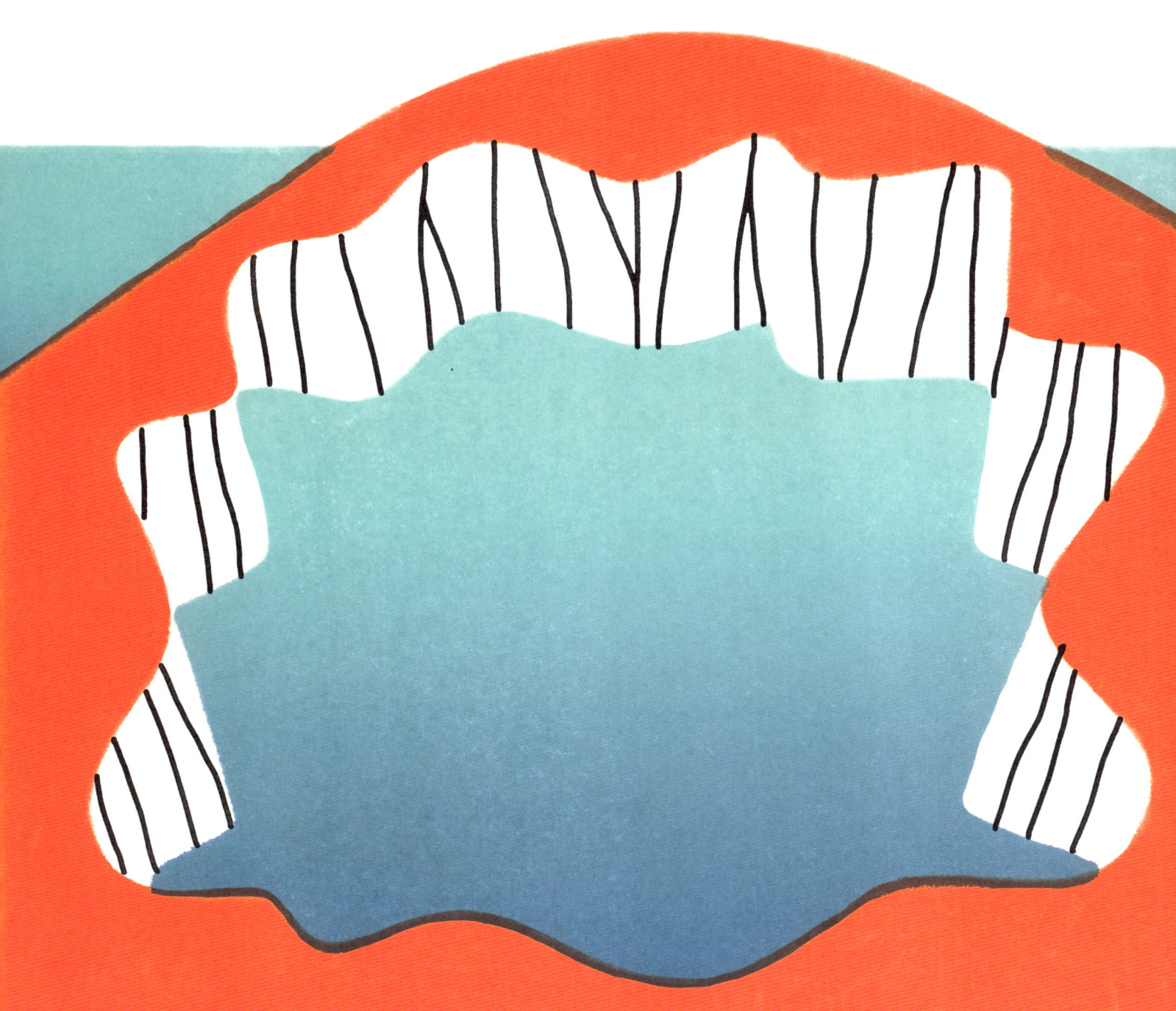

크라카타우산
인도네시아

크라카타우산은 자바섬과 수마트라섬 사이의 순다 해협에 있어요. 크라카타우산은 이탈리아의 베수비오산만큼 잘 알려진 화산이에요.

크라카타우산의 정상에는 칼데라가 있는데, 416년 또는 535년 대분출 때 생겼어요. 칼데라의 지름은 7킬로미터 정도 되지요. 1883년 분화 때는 섬의 3분의 2가 거대한 폭발로 사라져 버렸어요. 엄청나게 큰 폭발 소리 때문에 주변을 지나던 선원들의 고막이 터졌고, 수천 킬로미터 떨어진 오스트레일리아에서도 화산이 폭발하는 소리를 들을 수 있었어요.

50년 정도 시간이 흐른 뒤에 새로운 화산이 솟아났고, 크라카타우의 아이란 뜻인 아낙 크라카타우라고 불러요. 이곳은 1927년 이후로 몇 번의 분화가 있었고, 가장 최근의 분화는 2018년에 일어났어요.

위험한 쓰나미

1883년 크라카타우산의 분화는 인도네시아 역사상 두 번째로 큰 폭발이었어요. 이 폭발로 3만 6천여 명의 사람들이 죽고, 200개 가까운 도시와 해안가 마을이 완전히 사라졌지요. 화산 폭발 때문에 생긴 높이가 36미터나 되는 거대한 쓰나미 때문이었어요.

탐보라산
인도네시아

탐보라산은 너비가 6킬로미터나 되는 거대한 칼데라를 가진 화산이에요. 인도네시아의 숨바와섬 북쪽에 있지요.

이 화산은 1815년 분화로 유명해요. 원래 4,000미터 높이의 산이었는데 엄청난 폭발로 윗부분 1,500미터가 날아갔어요. 약 150억 톤이 넘는 화산재가 뿜어져 나와 태양을 가리면서 3일 동안 어둠이 계속되었다고 해요. 그리고 이 폭발로 무려 92,000명이나 되는 사람이 목숨을 잃었어요. 직접적인 화산 피해로 약 1만 명이 죽고, 굶주림과 질병으로 8만 2천 명이 넘는 사람이 죽었어요.

그리고 이 폭발은 '여름 없는 해'의 시작이기도 했어요. 화산 폭발로 생긴 이산화황이 태양 빛을 흡수하는 바람에 지구 전체의 기온이 내려갔어요. 기온이 급격히 떨어지면서 미국 동부, 중국, 서부 유럽 등에서는 농작물 수확이 크게 줄어들었고, 먹을 것이 부족해지자 전 세계에서 수백만 명이 넘는 사람이 죽었지요. 화산학자들은 1815년 탐보라산의 폭발을 역사상 가장 많은 것을 파괴한 화산 활동이라고 말하고 있어요.

자전거의 탄생

탐보라산의 폭발 때문에 탄생한 발명품이 있답니다. 바로 자전거예요! 화산 폭발로 기온이 떨어지면서 유럽도 식량이 부족해졌어요. 수많은 가축들이 사라지자 새로운 탈것이 필요했지요. 1817년 6월 독일의 산림 관리인이던 카를 드라이스가 바퀴가 두 개 달린 목재 구조물을 만들고, '달리는 기계'라는 이름을 붙였어요. 이 기계가 바로 최초의 자전거인 드라이지네랍니다.

**킬라우에아산
마우나로아산
로이히산**
하와이 제도

오세아
니아
대륙

루아페후산
뉴질랜드

루아페후산은 뉴질랜드에서 가장 왕성하게 활동하는 활화산이에요. 높이가 2,797미터나 되는 엄청나게 큰 산이지요. 지금도 활동하고 있는 분화구 정상에는 지름이 1.5킬로미터나 되는 커다란 산성 호수가 있어요. 화산 꼭대기와 옆면 다섯 개의 분화구에서 지난 12,000년 동안 화산 활동이 있었어요.

루아페후산의 마지막 화산 활동은 2019년 4월에 일어났어요. 이때 분화구 정상의 산성 호수 온도가 44도까지 올라갔는데, 며칠이 지나서야 원래 온도였던 39도로 돌아왔지요.

사랑의 화산

타라나키산은 뉴질랜드 북섬에서 루아페후산 다음으로 높은 화산이에요. 마오리족의 전설에 따르면 루아페후는 남편 타라나키를 배신한 부인의 이름이에요. 하지만 여전히 남편을 사랑하는 루아페후산이 한숨을 쉴 때면, 타라나키산은 산허리로 연기를 내뿜으며 부인에 대한 사랑을 표시한다고 해요.

하와이 제도

미국의 50번째 주인 하와이는 태평양의 크고 작은 화산섬이 모여 있는 곳이에요. 덕분에 화려하면서도 야생이 살아 숨 쉬는 독특한 아름다움을 갖게 되었어요. 또한 하와이 사람들에게 아주 중요한 불의 여신 펠레를 비롯한 화산과 관련된 수많은 전설도 탄생했답니다.

마우나로아산

마우나로아산은 산이 차지하는 공간과 넓이로는 세계에서 가장 큰 화산이에요. 마우나로아산은 순상 화산*인데, 마치 군인의 방패가 땅에 엎어져 있는 모양처럼 보여서 그렇게 불러요. 이 산은 하와이섬에 있는 다섯 개의 화산 중 하나예요.

마우나케아산

마우나케아산은 하와이에서 가장 높은 산이에요. 높이가 4,207미터이지만 숨겨진 부분이 있어요. 바닷속에 잠겨 있는 아래에서부터 높이를 재면 9,330미터나 되지요. 전 세계에서 가장 높은 산인 에베레스트산(8,848미터)보다도 높답니다.

로이히산

로이히산은 하와이섬 남동쪽으로 35킬로미터 떨어진 바닷속 화산이에요. 로이히산은 하와이의 섬들 가운데 가장 최근에 생긴 화산이지요.

가장 높은 지점은 해수면 아래 975미터 정도 됩니다. 1996년에 마지막 분화가 있었는데 낮은 온도의 가스만 분출하고 끝났어요.

학자들은 로이히산이 분화를 통해 계속해서 커져서 하와이에 새로운 섬이 생길 거라고 예측하고 있어요.

하와이 제도

킬라우에아산

마우나로아산 동쪽에 있는 킬라우에아산은 세계에서 가장 왕성하게 활동하는 활화산이에요. 이 화산은 1983년부터 계속해서 분화하고 있어요. 여기서 흘러나온 용암은 100제곱킬로미터가 넘는 땅을 뒤덮으며 200채가 넘는 집을 무너뜨렸어요. 용암이 바닷가에 쌓여서 섬의 면적이 늘어나기도 했지요.

2018년 4월에서 9월 사이에 일어난 폭발은 200년 동안 이 지역에서 일어난 가장 큰 분화였어요. 분화구 바닥이 무너지며 분화가 시작되었고, 지진과 함께 용암이 분출되었어요.

여신의 집

전설에 따르면 킬라우에아산은 불과 빛, 춤, 화산, 폭력의 여신인 펠레의 집이라고 해요. 펠레 여신은 하와이에서 수많은 종교와 노래의 주제이자 제물을 바치는 대상이에요. 바람 때문에 생기는 실처럼 생긴 용암을 '펠레의 머리카락'이라고 부르기도 하지요.

아프리카
대륙

킬리만자로산
탄자니아

킬리만자로산은 높이가 5,895미터나 되는 아프리카에서 가장 높은 산이에요. 화산 활동으로 생긴 키보, 마웬시, 시라 세 개의 화산으로 구성되어 있지요. 킬리만자로산은 뾰족 솟은 원뿔 모양의 성층 화산이에요.

시라산은 250만 년 전에 생겼고, 시라산보다 훨씬 어린 마웬시산과 키보산은 45만 년 전에 마지막 화산 활동으로 생겼어요. 지금도 중앙의 분화구에서 가스가 나오고 있지요.

사라지는 빙하

킬리만자로산은 과학자들이 가장 많이 연구하는 화산 중 하나예요. 화산 폭발 때문이 아니라 빙하가 사라지는 속도가 점점 빨라지고 있어서예요. 몇몇 과학자들은 그 원인이 기후 변화 때문이라고 생각해요.

피통드라푸르네즈산
레위니옹섬

인도양 서쪽에 있는 피통드라푸르네즈산은 방패 모양으로 생긴 순상 화산이에요. 각각 25만 년 전, 6만 5천 년 전, 5천 년 전에 만들어진 세 개의 칼데라가 있어요.

이 화산은 세계에서 가장 활동적인 화산 중 하나예요. 17세기 이래로 무려 150번 이상의 분화를 일으켰지요. 분화할 때마다 대부분 무시무시한 용암이 흘러내렸어요. 2019년 6월에 화산이 폭발했을 때에는 용암이 분수처럼 솟아올랐다가 흘러내리면서 멋진 광경을 연출했어요.

사람이 거의 살고 있지 않은 지역에 있어서 상대적으로 덜 위험한 화산이기도 해요.

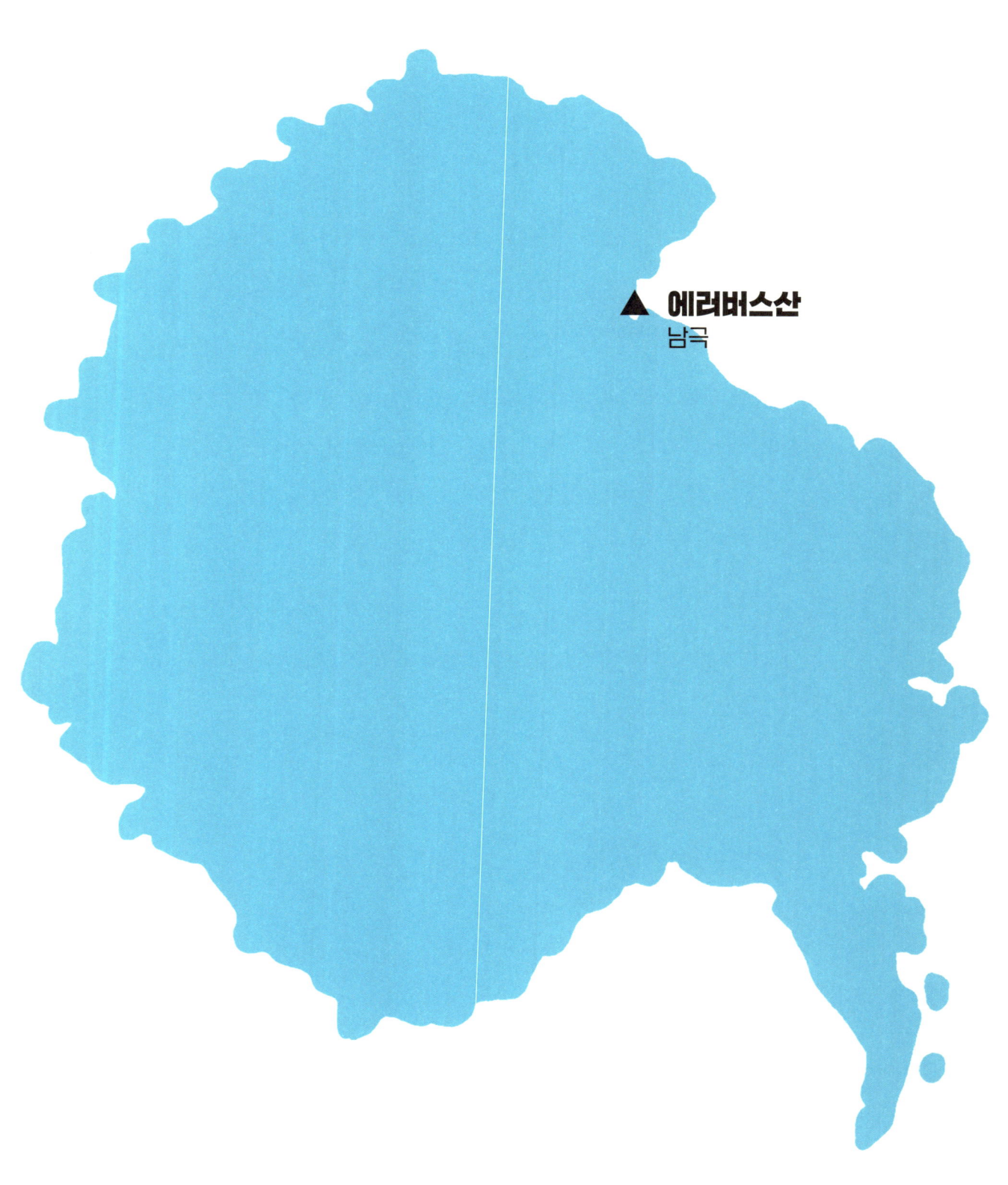

음극
대륙

에러버스산
남극

에러버스산은 지구 가장 남쪽에 있는 활화산이에요. 산 정상에는 폭 500미터, 너비 600미터, 깊이 110미터 크기의 분화구와 용암 호수가 있어요.

1972년 이후로 계속해서 화산 활동을 하고 있지만, 분화의 크기는 작아서 화산탄이 분화구 가장자리로 떨어지는 정도예요.

재미있게 생긴 결정

에러버스산 정상 근처에 가면 크기가 큰 걸로 유명한 장석 결정을 볼 수 있어요. 이 결정에는 나트륨, 칼륨 등이 풍부하게 들어 있어요.

지구밖
대양계

태양계

프로메테우스산
목성

프로메테우스산은 목성의 위성인 이오에 있는 활화산이에요. 이 산은 높이가 80킬로미터가 넘는 거대한 유황 기둥으로 유명하지요.

1979년 보이저1호가 프로메테우스산을 관측한 이후로 계속해서 화산 활동을 하고 있어요.

올림푸스산

화성

올림푸스산은 태양계에서 가장 높은 화산이에요. 높이가 무려 25킬로미터 정도 되는데, 지구에서 가장 높은 에베레스트산의 세 배 정도 되지요.

올림푸스산은 엄청나게 큰 화산이에요. 넓이가 30만 제곱킬로미터나 되는데, 한반도 크기보다 넓고, 산 정상에 있는 칼데라는 제주도보다 크지요.

엔셀라두스

토성

엔셀라두스는 토성의 위성이에요. 2006년 우주 탐사선 카시니가 엔셀라두스 표면에 있는 얼음 화산 사진을 보내 왔어요. 이 화산은 우리가 아는 용암 대신 물, 암모니아, 메탄* 성분의 액체 또는 얼음 가스를 내뿜고 있어요.

더 알아보기
화산의 분화

지구 깊숙한 곳은 엄청나게 뜨겁고 압력이 너무 높아서 지구 맨틀에 있는 암석 일부가 녹아 마그마가 되기도 해요.
마그마는 마치 꿀처럼 끈적끈적하면서도 뻑뻑한 반액체예요. 마그마는 반액체라서 마그마 주변의 암석보다 상대적으로 가벼워요. 그래서 암석의 틈을 비집고 지구 껍질인 지각까지 올라와 마그마방에 고이지요.

그러다 지각에 틈이 생기면 마그마는 조금씩 조금씩 위로 올라가게 되고 마침내 지구 표면에 다다르면 분화가 일어나게 됩니다.

1. 화산
2. 마그마방
3. 지각
4. 맨틀
5. 핵

지표 위로 올라온 마그마를 우리는 '용암'이라고 불러요. 화산은 때로는 급격히 폭발하기도 하고 때로는 살짝 분출하는 것에 그치기도 해요. 폭발하느냐 살짝 분출하느냐는 마그마 속에 갇혀 있는 가스가 얼마나 쉽게 빠져나오냐에 달려 있어요. 마그마가 뻑뻑할수록 가스가 빠져나오기가 점점 더 어려워지고, 그럴 때 분화가 폭발적으로 일어나요.

화산학을 탄생시킨 크라프트 부부

모리스 크라프트와 카티아 크라프트는 프랑스의 화산학자예요. 실제 분화하는 화산의 모습을 아름다운 사진과 영상으로 남기는 데 삶을 바쳤지요. '화산의 악마'라는 별명을 가진 크라프트 부부는 175번 이상 직접 화산 분화를 목격했어요.

하지만 화산에 대한 크라프트 부부의 열정은 그들의 생명을 앗아 갔어요. 크라프트 부부는 1991년 6월 3일 일본의 운젠 화산에 갔다가 화산 폭발로 생긴 화산재, 높은 온도의 가스, 돌덩어리 등을 피하지 못해 목숨을 잃고 말았어요.

크라프트 부부의 작업으로 인해 화산의 위험성이 알려졌고, 더 많은 비극적인 사건을 피할 수 있었어요. 크라프트 부부는 지구의 역사를 지켜보는 것에 대한 열정이 엄청났어요. 전 세계에 있는 800여 개의 활화산 중 절반이 넘는 화산에 직접 올랐지요.

화산 감시하기

지진은 화산이 터질 거라고 미리 반복해서 알려 주는 신호예요. 지진계로 몇 분에서부터 몇 달까지 일어나는 진동을 기록할 수 있지요.

활화산 분화구에서 나오는 가스의 농도 변화로도 분화 가능성을 알 수 있어요. 화산에서 빠져나오는 황과 다른 가스의 농도를 적외선 분광계(FTIR) 같은 장치를 사용해 정기적으로 측정해요.

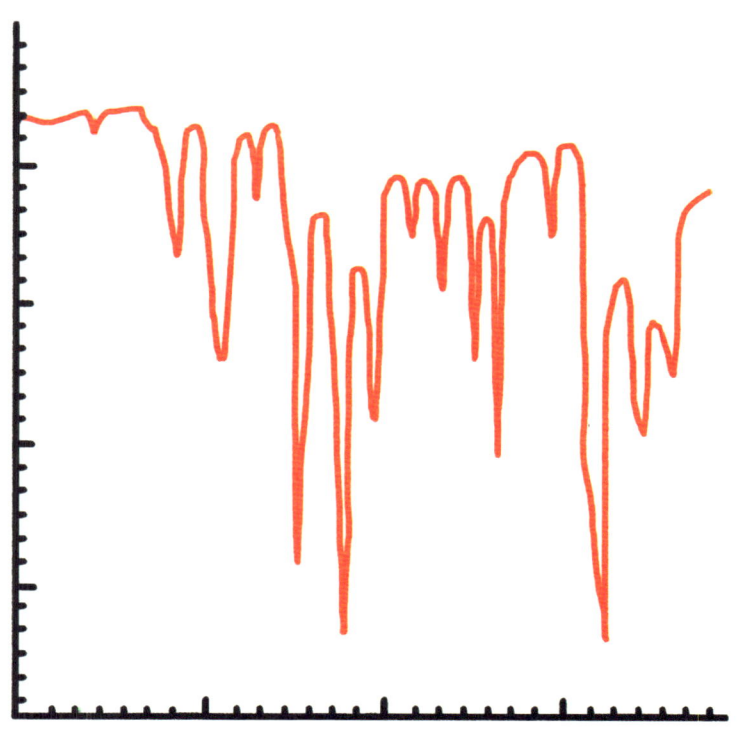

화산이 분화하는 순간 가스를 측정하는 것은 아주 어렵고 위험한 작업이에요. 그래서 활화산의 열과 이산화황을 감지하는 특수한 장치를 장착한 위성을 사용하기도 해요.

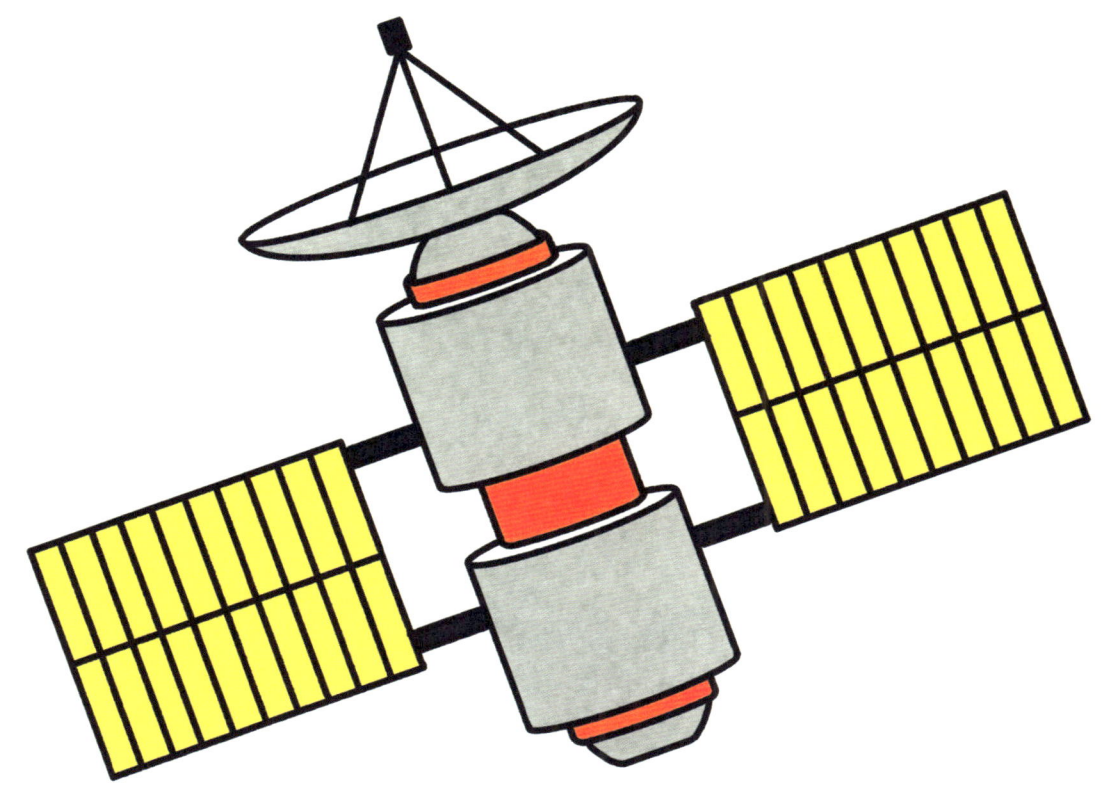

최근에는 드론이 그 역할을 톡톡히 하고 있어요. 화산학자들은 분광기를 설치한 드론을 화산의 가스 분출물 속으로 날리기 시작했답니다.

용어 풀이

간헐천
뜨거운 물이나 증기 기둥이 일정한 간격을 두고 솟아 나오는 온천. 화산 활동이 있는 곳에서 주로 나타난다.

단성 화산
단 한 번의 분화로 만들어지는 화산

대분화
격렬하고 급작스럽게 최소 1,000세제곱킬로미터의 새로운 화산 물질을 만들어 내는 분화

마그마
지각 아래 깊은 곳에서 암석이 고온으로 가열되어 녹은 반액체로 된 물질. 주위의 암석보다 가볍기 때문에 서서히 상승하여 마그마방을 이루었다가 지표로 분출된다.

마그마방
화산 아래에 마그마가 모여 있는 장소. 화산의 수킬로미터 지하에 있으며 화산 활동의 원인이 된다.

마르
화산 활동 초기에 작은 규모의 폭발로 생긴 화산. 마그마의 수증기 폭발로 생기는데 호수가 있는 경우가 많다.

맨틀
지각과 외핵 사이에 있는 두꺼운 암석층. 지구의 구조는 지각, 맨틀, 외핵, 내핵 순서로 이루어져 있다.

메탄
탄소 원자 1개와 수소 원자 4개로 이루어진 불에 잘 타는 무색, 무취의 가스

분석구
분석이 쌓여서 만들어진 화산체이다. 분석은 스코리아라고도 하는데, 강력한 화산 폭발로 찢겨 날아간 용암이 식으면서 땅에 쌓인 것이다. 분석이 쌓이면 대개 원뿔 모양의 화산체를 이룬다. 분석구는 화산체의 크기에 비해 커다란 분화구가 생긴 것이 특징이다. 제주도 오름의 대부분이 분석구이다.

분화
지구 내부의 뜨거운 분출물들이 화산 밖으로 빠져나오는 것

분화구
용암이나 가스 같은 화산 분출물이 나오는 땅 위의 푹 깨진 부분

불카누스
로마 신화에서 불의 신이자 대장장이의 수호신

빙저 화산
빙하 아래에 있는 화산으로 주로 아이슬란드나 남극 대륙에 있다. 분화하면 주변 빙하를 녹여서 홍수가 나기도 한다.

사화산
현재 활동하지 않는 화산으로 10,000년 동안 폭발하지 않았고, 이후 10,000년이 지나도 터지지 않을 화산

산성 호수
지구 아주 깊숙한 곳에서 부글거리던 이산화황(SO_2), 삼산화황(SO_3) 또는 염화수소(HCl) 같은 가스가 지구 밖으로 나오다가 화산 분화구에 있는 호수의 물과 섞이면서 만들어진 호수

순상 화산
잘 흐르는 성분의 용암으로 만들어진 화산 형태로, 병사들이 사용하는 방패가 땅에 엎어져 있는 모양을 닮았다고 해서 지어진 이름

용암
화산에서 밖으로 나온 마그마나 그것이 굳어서 된 암석. 처음 화산에서 나올 때의 온도는 700~1,200도 정도로 엄청나게 뜨겁다.

지각
지구의 겉을 싸고 있는 얇고 단단한 층. 대륙 지각과 해양 지각으로 구성되어 있으며 지구 부피의 1% 미만을 차지한다.

칼데라
화산의 대규모 폭발 때문에 화산의 분화구 주변이 무너지면서 생긴 냄비처럼 움푹 파인 곳. 원형 또는 말발굽 모양으로 지름이 수십킬로미터에 이르는 곳도 있다.

판
지구의 겉 부분을 둘러싸고 있는 두께 100킬로미터 정도의 거대한 암석판. 지구에는 10여 개의 판이 있다.

해령
바다 밑에 있는 산맥으로 2개의 판이 맞닿은 지역에 마그마가 분출되어 만들어진다.

화산 분출 기둥
화산이 폭발할 때 만들어지는 뜨거운 화산재와 화산 가스로 이루어진 기둥 모양의 구름. 큰 규모의 화산이 폭발할 경우 높이가 40킬로미터 이상이 되기도 한다.

화산쇄설류
화산이 폭발적으로 분화할 때 산 옆구리를 타고 뜨거운 화산 가스, 화산쇄설물 등이 빠른 속도로 이동하는 흐름을 말한다. 속도가 평균 시속 100킬로미터, 최대 시속 700킬로미터에 이른다.

화산체
용암, 화산쇄설물 등이 화산 활동으로 쌓여 만들어진 원뿔 모양의 지형으로 모양이 약간 다른 것도 있다.

활화산
현재 활발하게 활동하고 있는 화산. 잠시 활동을 멈추고 있는 화산도 활화산이다.